AF276160

HAIKUS DE OFICINA

Daniel Riego

Colección Ites

HAIKUS DE OFICINA

© Daniel Fernández Riego
© Ilustraciones: Mireia Bernal Duran
© de esta edición: Olé Libros, 2025

ISBN: 979-13-87620-06-6
Depósito legal: V-92-2025
Impreso en España

KALOSINI, S. L.
Grupo editorial olélibros
equipo@olelibros.com
www.olelibros.com

Prefiero morir de pasión que de aburrimiento.

ÉMILE ZOLA

De plata y oro
son tus sueños de oficina;
color de grapa

Larva inquieta
tejida de tedio
mariposa gris

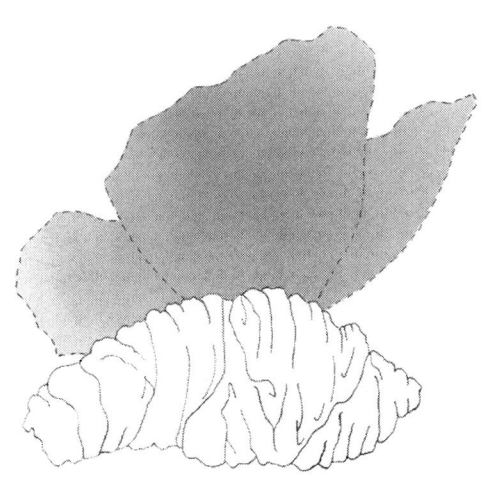

Marca colgada
de cinta incandescente
yugo de orgullo

La hora marmota
incuba diversiones
acecha la paz

El tiempo es oro
de plomo la sonrisa
del brillante empleado

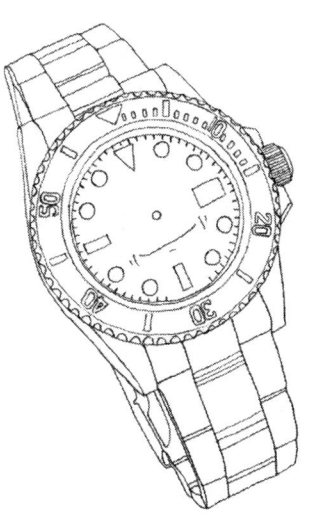

De envidia vejez.
—Tengo mucho trabajo
—Yo más pastillas

La dulce niebla,
envoltorio del deber
bombón amargo

La Gran Renuncia,
silenciosa alegría,
la gran denuncia

Polvo y luz entran
en las grietas del teclado.
Vi aire de viernes

Entre las celdas
de filas y columnas
libre una flor

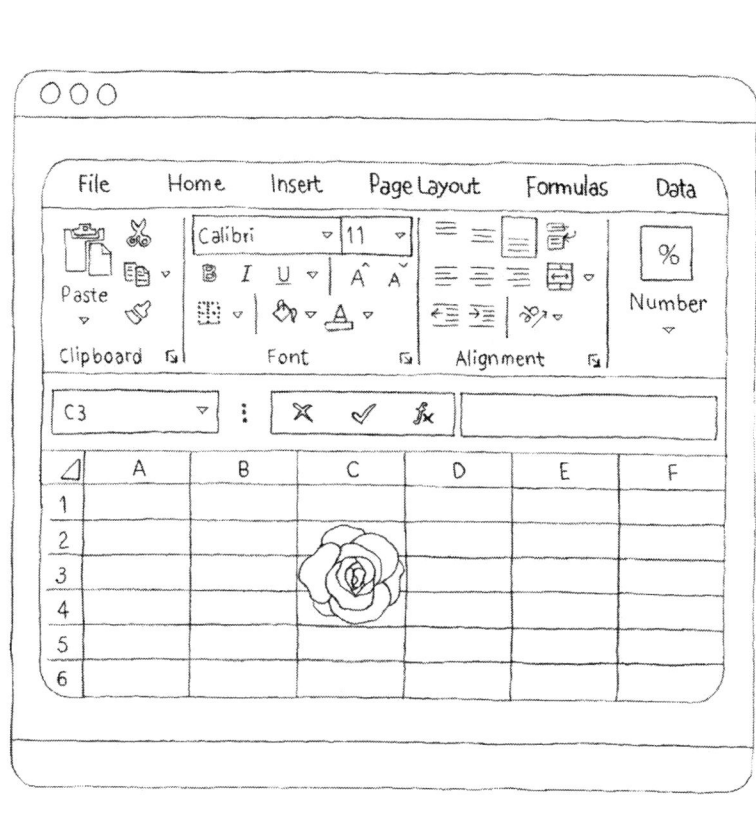

Viaje del héroe
a Recursos Humanos.
Retorno incierto

Roer del gato
primera complicidad
de los ratones

Cada año el mismo
enemigo invisible
en Navidad

Sueñan los clips
con formas imposibles
y suaves dedos

Los sonámbulos,
al alba anochecida,
incluso sueñan

¿Qué quiropráctico
el alma recoloca
después de ocho horas?

Luce escayola
de seductor juglar
y motín blanco

Suspira el náufrago
las orillas dichosas
del viejo agosto

Delego al ego
el trabajo en equipo.
Ruina total

El típex solo
emborrona memoria
de claro error

En silenciosa
soledad compartida
viaja una hormiga

¿En cuánto tiempo
se oxida el entusiasmo
del aprendiz?

Todos los lunes
el eclipse vital
sombrea ensueños

Calvo ya el clavo,
maldice la costumbre
de su martillo

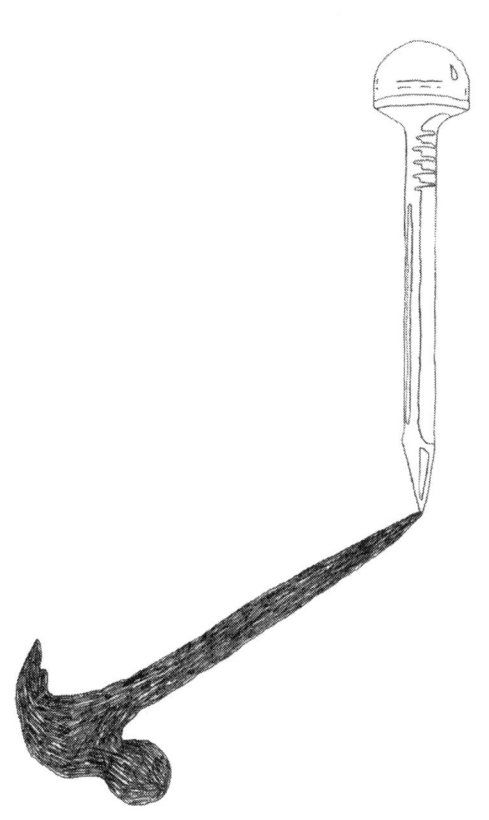

Ocultas tus
archivos encriptados
del fulgor íntimo

A salvo de *hackers*
tu boca tan cifrada
y de tormentas

Bajo las teclas
se oye el latido de
las mariposas

Mártir ateo
en las llamas de su ego
murió en el fuego

Ante el hastío
fingir actividad
arte sublime

Sentado sobre
el algodón punzante
llega el salario

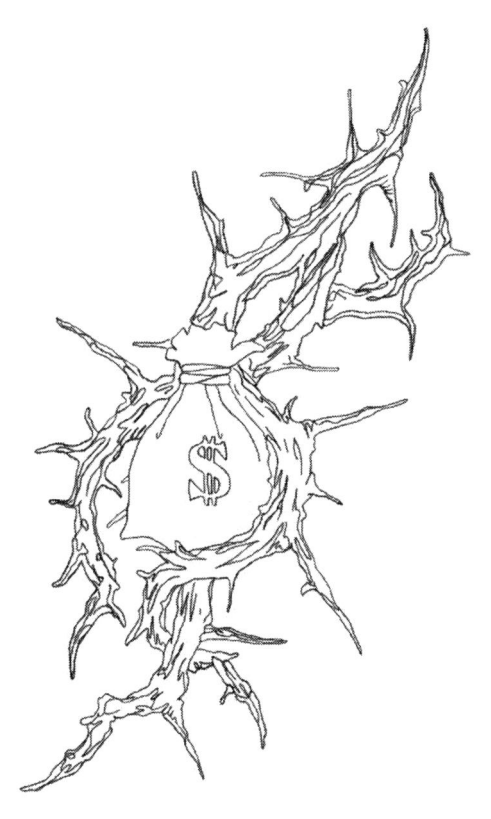

El fluorescente
abrasa con su frío
cada mañana

Sería horrible
que me ascendieran a jefe.
¡Oh, no, es mi oficio!

La chica nueva
levanta grapadoras
adormecidas

Ratón atado
alocado hámster en
bucles de clics

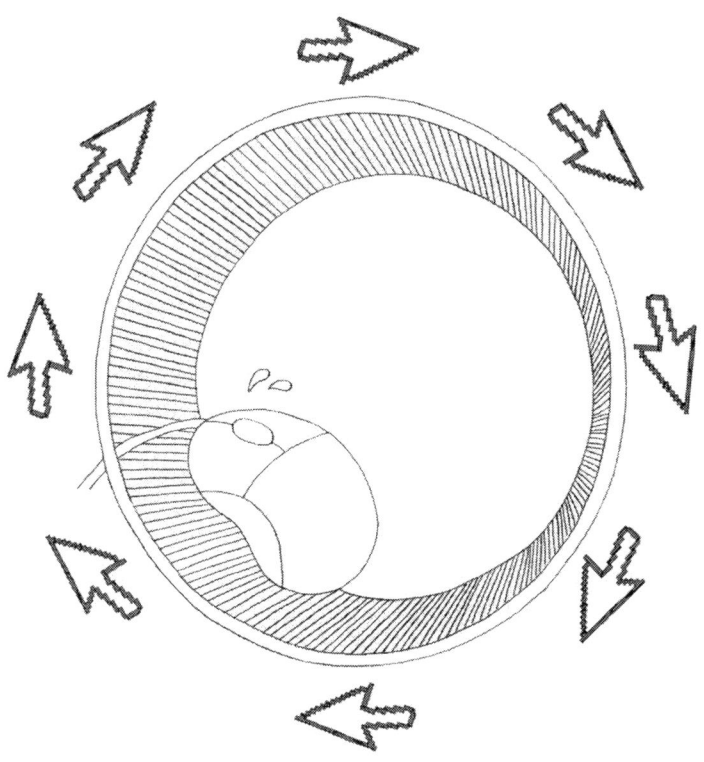

Nublado por
el sudor de la frente
camino hambriento

Rompí la fe,
maldita religión
del bienestar

Las fuentes de agua
esconden los secretos
de amantes líquidos

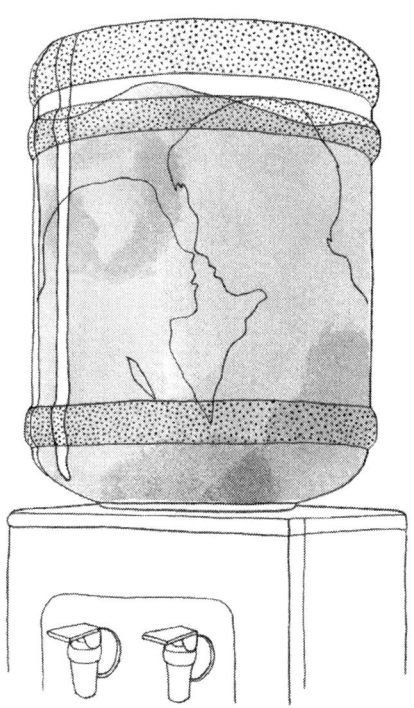

Basta con sumar
datos y consumar
drama y comedia

Sin el cerebro
en plena ebullición
el gas no nace

Querido diario:
te busqué en Google y
no te encontré

404. That's an error.

The requested URL was not found on this server.
That's all we know.

Justo en el centro
del remolino diario
sonrío seco

El folio blanco
quiere ser rosa de
color intenso

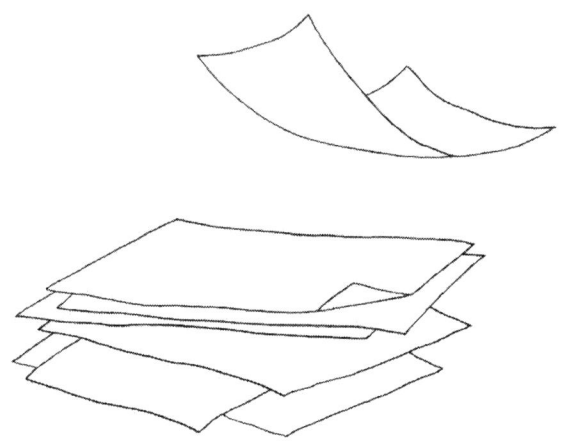

Las hienas huelen
la sangre del error,
nunca la suya

El clavo que
sobresale demasiado
no es bienvenido

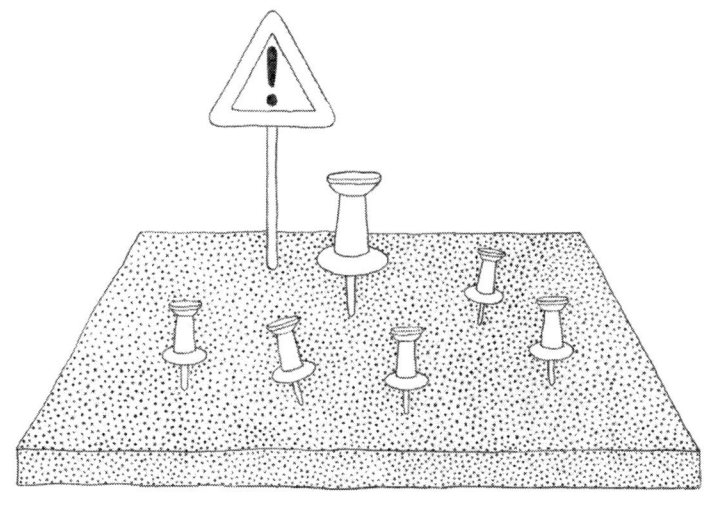

Acristalado,
el pez sabe vivir
entre agua turbia

Afuera llueve
y por la ventana un
collar de gotas

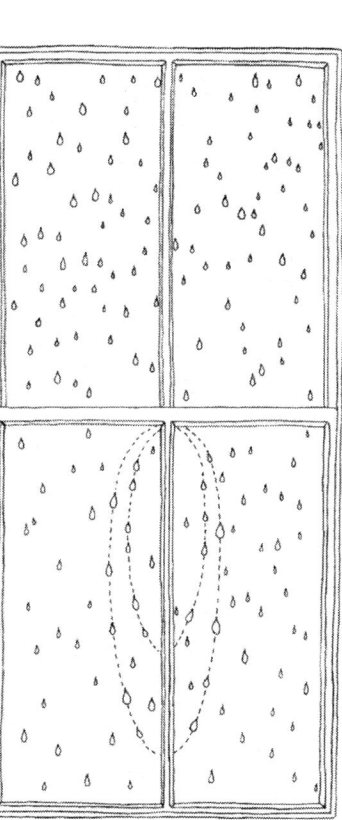

La charla estéril
por todos engendrada
agota el tiempo